나에게로 가는 먼 길

시와문화의 시집 31

나에게로 가는 먼 길

황희수 시집

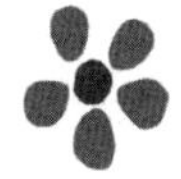

시와문화

■시인의 말

내 안에 갇힌 소리를 해방한다.
어느 지점이나
바탕과 다를 게 없지만,
삼십 년간의 읊조림을 풀어놓는다.
나무를 해하지 않았는지 자못 부끄럽다.
지금에서 멀어지는 순서로 시를 엮었다.

2018년 7월
황희수

|차 례|

제2부 그늘의 덕담

제3부 바라나시의 해돋이

제4부 칩거 일기

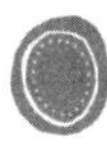

제1부

흠뻑

한 벌 옷의 생애

세탁소 기록되지 않은 기름의 기억이 한 벌 옷의 한 생애를 펼친다 깃 섶 얼룩은 목덜미 달구던 소금 꽃 노동의 꿈, 가슴께 올 튐은 새벽까지 질퍽거리며 가슴을 찢던 열망의 흔적, 헐거운 단추 구멍은 부푼 욕망 조여낸 긴장의 파열 자리, 소매 끝 올 풀림은 종이와 마찰해 온 대가, 여기저기 누런 얼룩은 수축과 이완을 반복한 불안의 근거, 탈색된 이성과 열망의 변색, 생업의 누름과 손가락질로 긁힘, 자괴감 뜯어진 이력…

영혼의 청소부가 오염 제거를 위해 노력했으나, 무리하게 제거 시 원단의 탈색, 손상이 우려돼 독자님의 깊은 양해 바랍니다.'

자가 촬영

암전이 빚어낸 가족사진 먼지 견디며 웃는다 내소사 늙은 문살 골처럼 뭇 손길에 탈색 중이다 스무 살 중턱 벽에 못 박힌 여인이 하얀 웨딩드레스로 펄럭인다 검은 파리똥과 누런 담뱃진 덧입어 흙빛 물드는 중이다. 언어의 골짝과 마음의 옹이 밀대로 판판하게 뽀얗게 내장한다 얼짱 각도 희망을 내장한다. 맑은 청년 가슴에 담다가 '삭제'. 간밤의 취기 어린 부끄러운 어깨 아침마다 다독이며 깨어난다. 마음의 심지 발치에 혈거튼 족속. 시기, 일탈, 외로움. 속창아리 빠진 구멍 안고 자란다. 집 같은 사내 삼킨 침대에 내 몸을 포갠 후 '공유' 버튼 누른다.

흠뻑

숨바꼭질하는 아이 둘, 서로를 찾는다
심우장 버스정류장 앞
연리근 메타세쿼이아에 왼손을 짚는다
지난겨울 쪽방에 숨은 날 찾기 위해
직장을 포기한 적이 있다
높다란 계단을 오르는 회색 옷의 실루엣
어느 집 담벼락에 땡감이 맑은 눈을 굴리며
능소화 덩굴 조심스레 꽃잎을 편다

몸을 떠난 소리와
몸 안에서 맴도는 소리
아직 표현하지 못한 향기가 씹힌다
일중독의 이유를 탐색했다, 잡히는 풍경 하나
대문 앞을 지나는 삼촌의 지게에 업혀
열병 앓던 아이 하나
다시는 돌아오지 않던
기억의 서툰 되새김질
친구 잃은 나는 내내
목섯에 백태가 끼고 누런 가래를 뱉어냈다

장대비 물의 장막에 마을이 젖는다
흠뻑 젖은 얼굴과 젖어드는 입구
지구의 맥박을 타전하는 빗소리
우산을 두고 온 일상이 착하다
메타세쿼이아 연리근 사이
아무 것도 하지 않는 일에 흠뻑 젖는다

이모의 중환자실

오뉴월 솜잠바 입은 백발의 키 작은 사내, 중환자 대기실 의자에서 입 벌린 채 슬픔을 빨지 못한 입성 얼룩의 눈물자국, 드러난 속옷이 꽃받침처럼 쇄골 위 백색 꽃잎 서넛 선풍기 바람에 휘날린다. 면회 금지 늙은 아내 보고 싶어 울부짖던 촌 할배. 중환자실 모르게 들어가 미동 없는 아내의 인공호흡기 관을 절단했다지 난소 드러내고 대장 소장 몇 센티 떼어낸 수술 뒤 허기진 숨 몰던 아내, 인공호흡기 뽑아서 이모를 웃게 하고, 노인은 울고, 중환자실 침상 머리맡 오가던 저세상 사람들 별난 놈 다 봤다며 수군거리고, 더러는 박장대소, 죽음이 손 내밀어 '영순' 씨를 불렀단다.

풀무를 돌린다

정지문 여닫이 열고 의식은
자궁처럼 깊고 환한 아궁이 앞에 앉는다

가슴의 잉걸불 뜨거운 끌림
의식의 불씨 부지깽이로 헤집어
생계가 되지 못하는 시(詩)의 제문
다 타지 못한 미완의 사랑
쌀겨 한 줌 획 던져 풀무를 돌린다

평생 일만 하다가 돌아가신 어머니
부어오른 왼쪽 무릎을 절며
'아, 춥다' 걸어오시고
아궁이 앞에서
바가지 뒤집어 놓고 두드리던 부엌칼
획 마당으로 던지던 무병의 초례청
눈물 대신 동백이 큰 가슴을 떨어뜨리던
잉걸불에 타들어갈 기억들

구들장 아래 길게 누운 불길은
고래 등을 타고 하늘길 오른다.

열꽃

붉은 인연의 끈 한 가닥 잡고
하루를 오른다.

화살나무 울타리 붉은 곡소리
가늘게 떨리는 바람의 문상
서산 너머 흔적 저물고

간간이 휴대폰 창을 밝히는 메시지
기다림을 채우며 미소가 잡힐 듯
시간은 애처로이 입술에 열꽃이 피고

밤새 깊은 관속처럼 누워
이마 위 천정에서 들려오는
속삭임 냉골 가슴에 품었다

언 발가락 부비며
그녀의 서늘한 살결 성큼 품으로 들어설 듯
밤새 마음속 풍경 진눈깨비 늑골을 쳤다

들풀에 내려앉은 서릿발 안개 끝에서
웅크린 햇살 깃털을 편다

햇살 만행

사월 봄 눈발 느리게 스치고
대기에 엎드려 꽃을 읽는다
흐린 냉기 거두는
입술은 시를 읊고
또 하나의 입술을 삼킨다

꿈에서 꿈을 꾸고
꿈에서 꿈 깨어
꿈이어서 다행이라고 안도하며
꿈 없는 잠에서 깨어난 어느 아침
나는 누구의 꿈인지
누구의 그림자를 삼킨 망령인지
청명한 대기 속 가여운 입김
말갛게 눈뜨는 이슬처럼
햇살 만행에 나선다

난 과거에 수생생물이었는지 몰라
심해의 침묵 속에서 키운 피돌기
고요의 심안
햇살 아래 서툰 봄과 길을 나선다.

공의 심리학 밥상 1

우물에 돌멩이를 떨어뜨리듯 깊이
내 안으로 들어가 봅니다

존재의 거푸집
무한의 가슴속으로
깊이 더 깊이 들어가 봅니다

내가어디서왔는지
내가왜여기에왔는지

달빛 나뭇가지 사이
생각과 생각 사이
내밀한 문답 한 상을 차린다

한가위에 모인 가족들
취중 속내 뒤로
별들이 마저 회포를 풀고
갈대들 두런두런 밀어 사이
긴 숨 지켜본다

내가무엇을원하는지
감당할수있는지
절박했었는지

苦
空
無常
無我
이마를 스치는 바람
달빛 입맞춤 미소가 스친다.

공의 심리학 밥상 2

빈 나뭇가지
엄동설한 현을 울리고
확실한 건 불확실성뿐인
겨울방학 얼어붙은 등굣길
사랑의 역동은
친절과 자비로 승화되지 못한 채
빈 몸은 뜨거워
생각의 파도 망연히 지켜본다
여실지견 배를 타고
존재의 강을 건너면
부모미생전
있는 그대로
본래면목에 닿을까
언 볼이 뜨겁다

구름의 전언

물이 물을 만날 때까지 숨을 멈추고 있는 듯해
물이 물에 젖으면 살결이 살결과 흐르고
물의 시원을 향해 심장이 채워지면
비는 허공에 가득차고 또 흐르겠지

생사를 묻는 쓸쓸한 우문 앞에
비는 무게를 딛고 소리로 비상해
대지의 맥박 깨우는 빗소리
중력을 뚫고 오르는
구름의 춤
바람이 길을 내어주면
해질녘 깃털구름
그대가 머무는 서산에서 붉은 날개를 펴겠지

나에게로 가는 먼 길

비 오는 날 수직의 안위는
세상과 나를 가르고
안과 밖에서 배회하던 갈망
비의 경계에서 만나 몸을 섞는다.
대나무와 소나무 곁에 두고
책을 읽으며
처마의 빗소리는 인생의 소회 한 구절
안은 밖을 향해
밖은 안을 향해
먼 산등성이 박무의 흐린 길을 닦아
비는 젖은 날개를 펴며
투명 비상의 꿈을 튜닝한다.

거부하는 모든 문(門)들과
환멸의 입이 녹아 흐르는
존재의 강에서
나는 끊임없이 뭔가를 해야만 했다
수치심과 열등감이 의식의 세포 속에 곪아
눈 뜨면 목마른 해갈의 염원 웅얼거렸다
모든 경험의 정당성과 자기모순 앞에서

중력을 저항하듯 솟구치는
승화의 훌쩍임
유전과 환멸을 건너
전체로 피어날 물방울의 귀환

비오는 날은 수많은 내가 흐르고
'나를 그르치고 싶지 않아'
나에게로 가는 먼 길
비는 나를 지상에 단단히 내리꽂는다.

눈물

적멸을 좇아 적막을 입은
말이 무성하다
의식의 파편 되돌아와
날 멍들이고
날 세워 살을 애이다
산촌 들풀의 율동과
나뭇가지 새들의 주문만도 못한
한낱 마음의 부스러기
허공에 흩어진 파동과 전율
가슴에 결루돼 흐르는
감정의 물결을 붙잡고 있다
금속성 의식은 피 맛이 나고
무성한 말은
몸 안에서 액체 되어
몸 밖으로 흘러 나가곤 했다.

바람 마중

버찌가 익어가는 계절
한 낮 짙은 햇살에
그림자 제 키를 접어 좌정한다
시간의 감옥에 유폐된
일상의 갈기
은행나무 잘려나간 그루터기
아류의 자존들 줄기를 키운다
변형의 종자 품은
마음 안쪽이 수선스럽다
'의식의 자기변형'
논문을 직조하던 책장 덮으며
키 낮은 지붕
기왓장에 쏟아지는 햇살의 익살
고인 의식의 탁류가 역류하기 전
젖은 마음의 길 부끄러움 털며
오월 햇살 일독하러 바람 마중에 나선다

자화장

폐사지 진입로 붉게 문신한 화살나무
오체투지로 미완의 설계를 디자인한다

꿈에서 내내 비단결 같은 사유를 게워냈다
쪽빛인 듯 흰빛인 듯 사념의 경계 가로질러
흐르던 망상의 직조
시작과 끝을 묻는 꿈결 사이
몇 번쯤 고개를 가로젓고 끄덕였을
부질없는 투지
어김없이 피로가 눈을 떴다

가을 폐부 깊숙이 독백의 참회
수많은 몸짓과 숨
떠나보낸 말법이 부끄러워
해질녘 귀환하는 양떼구름 따라
나도 시원으로 가고 싶었다

왕처럼 살다가 수행승처럼 내려놓고,
앙끝을 통날해
가는 숨 끝을 바라보겠다고 다짐하는

아둔한 맹세
중력에 귀의하는 잎들의 의례
붉게 타오르는 잎들의 자화장
가을 언저리
어느 입술에의 귀의를 디자인한다

품다

만국기 환호하는 을지로 생활도로 속도 30,
천천히 천천히
질주본능 중년이 마주 앉았다
빌딩 벽면광고 네온은 거리축제 밝히고
만장 앞세운 풍물패 지난 후
한 여인의 생일을 축하하는 키 작은 거리악사
트럼본 한 소절 도심 밤을 조율한다
노상 술집 골뱅이 파무침 젓가락질하던
남자가 변주곡처럼 울었다
거대한 도심 인테리어 불협화음처럼
고운 미소로 과거의 살점 물어뜯는
여인의 시를 읽으며
남자는 염송하듯 오래 울었다

서랍장에 구겨 넣은 사연 꺼내
묵은 영혼 청소한다며
여자는 슬프게 웃고
철들면 부지런히 늙는다며
남자는 웃으며 눈물 흘렸다
지음이 돼 달라는 여자를 읽으며

감정의 싹 고개들까봐
서로는 고개 숙여 먼 길 보며
서로를 응시하지 못한 채
비스듬히 말하고 자리 틀어 웃으며
서로의 길을 바라보았다
생활도로 30, 지리한 날들
길들은 긴 잠언 질경이며
한몸이었던 옛 연인은 말없이
다음을 약속하지 않은 채
지하철 입구로 빨려 들어갔다

침묵의 서장

길은 비어 있었다
당산 소나무만 제자리 지키고
헐린 집터 부서진 담벼락 인적 없는 골목
시골집이 가끔씩 울며 찾아왔다

기억의 젖은 흔적뿐
소나무 언덕에서 심호흡하던 소녀
당산 입맞춤에 또다시 젖는다

눈보라가 대문을 덜컹이던 성긴 밤
아버지 홀로 해소기침 품던 시간
폭설은 길을 지우고 소리를 삼켰다
개울의 심장도 숨죽인 한밤중
길게 날아 온 살진 침묵 내려앉아
몸의 골짝 귀 기울이지 못한 몸말과
위험한 맹세
말빛 녹이려 피를 씻는다

잠시 산문 밖 마실 행이
영영 산중과 이별한 속퇴승처럼 또다시

말의 자궁이 진언을 잉태하는 밤
침묵의 서장을 펼친다

자귀나무 랩소디

바위에 심지 올린 자귀나무
한여름 허공에 뿌리를 토한다
검은 제비나비 팔랑거리는
여름 하늘 아래
무릎 베고 잠든 얼굴 물끄러미
봉분 열어 내 아비의 뼈 그릇 비춰보듯
슬픔 한 사발 들고 머뭇거린다
죽음 이후에도 소멸은 성취되지 않아
날은 더딘데
서늘한 대청마루에 치마폭 깔고
살가운 속살 향기 연신 부채질하며
자귀나무 랩소디 바람 아래 서면,
네가 가슴에서 울려
연인은 바위에 갇히고
생사의 뿌리 허공에서 펄럭인다.

무럭무럭 가을이 달려온다

과거의 소년소녀
서로를 기다린다
오래된 극본처럼
서로의 시를 읊조리며
기억의 화면에 비가 내려도
시간의 파도를 타는
심장은 새롭다

가을밤 비에 삽입된 풍경
불면과 불임의 일탈
나무와 가로등 빛이
서로를 어루만지며 떨고 있다
서로 어긋난 이력 몇 페이지쯤
지나간 건 모두 상관없다는 듯이
시방의 맥박은 싱싱하다

낙엽의 가을은 무럭무럭 자라고
안근의 기세간 아름다움이
공간에 가득 차오르면
낙엽을 뚫고
과거의 소년소녀가 달려온다

장마전선

남도는 장마전선
마른번개 울음이 먼저 전한다
산자의 탄식과 혼란에 묶여
어린 혼들 떠도는 회색 반도 끝자락
불온한 공작 창궐하는 전염병 전선 여전한데
봄 가뭄 터진 입술 긴 입맞춤에도
흠뻑 젖지 못하는 반도는 내내 미명이다

속살 녹던 밤새
꽃봉오리 머금다가
새벽 꽃 문 여는 옥잠화
흰 꽃잎에 빗님 오신다
장마전선 북상 소식에
홀로 남도에서 정진하는
배고픈 수행자 끼니를 염려한다
시간 너머 과거와 미래 죄다 소환해
얼룩진 의심과 욕망 녹이면 좋으련만
누구의 심장에도 귀의하지 못한 나는
내내 내가 고프고
생각날 때마다 호주머니에서 꺼내보는

미련 한 줄
배회하던 눈동자
장마전선 따라 어린 혼과 떠도는 반도
나는 내내 어둡다

제2부

그늘의 덕담

모서리 사계

1

기억마다 모서리가 있다
모서리의 힘은 세다 고여서 풋풋하다
시간이 회전하며 쓸어내도 남는 자리
묵은 먼지처럼 다가가지 않으면 나풀거리지 않는다
그것은 살짝 어르기만 해도
내가 취하도록 향기가 풀풀 날린다

2

들바람이 내 발걸음을 높이 올려주던 하굣길
누렇게 쓰러진 보리밭처럼
내가 기울어져 걸어가면
구름이 따라 기울고
무덤가 흰 제비꽃이 날 받쳐주었다.

3

장마 진 논둑길
물이 넘쳐 신작로로 붕어 쏘가리가 떠오르면
맨손으로 잡은 은빛 비늘 따라
내가 꿈결같이 삐끔거리며 자맥질하곤 했다.

오뉴월 감기는 가물거리는 열꽃을 가득 피웠다

4
갈탄을 태우는 교실에
가을 솔잎을 갈퀴로 긁어서 한 부대 담아 가던 숙제
솔숲에는 이낀 낀 납골 항아리가 뒹굴고
먼발치 애기 무덤 지키던 상엿집은
울먹이는 내 다리를 부여잡곤 했다.

5
밤새 쌓인 눈이 무릎을 덮고
긴 겨우내 아버지는 말없이 책력을 펼쳐
다음 해 운명을 헤아리셨다
아버지는 어느 날 신문을 읽듯이
낡은 털옷을 풀어 대나무 손뜨개로
내 붉은 스웨터를 떠주셨다

환상버스

다람쥐 비범한 중생 잽싸게 법당 댓돌 위에서 참배한 후 이승 밖으로 겅중 탈피한다

내가 접하는 서정과 굴욕 환생의 덕목 법거량 한 대목 누각 처마 풍경이 대신한다

살아도 죽은, 죽어서도 살아있는 생육 언저리
살아있는 해골들의 잔치
언제나 마주하는 자문자답,
이번 생이 끝이야

오백 년 배흘림에 헐어가는 향기
나는 너무 오래됐다

허공에서 혀 빼고 침 흘리며 개떼 같은 무의미가 달려온다

몸살

바위에 스며든다 서서히 깊고 아득한 바위의 뿌리에 녹아들듯 잠이 든다 순백의 고요 눈 쌓인 고산의 고목처럼 생사에 거리낄 게 없는, 바위에 녹아든 몸은 꿈의 은밀한 의례를 지켜본다. 귀에 익은 중얼거림, 의식의 사제는 칼을 집어 격자무늬 무의식의 창호지를 관통해 내리꽂는다. 머릿속 생각이 빠져나가 백지상태가 된다. 용광로에 녹아드는 몸도 희미하게 지워진다.

귓가 댓잎의 속삭임과 까치들의 부산스런 수다가 아니었다면 아직도 뜨겁게 흐르고 있을 몸, 지구의 중심이 일어나듯 몸살의 무거운 통점을 일으켜 눈을 뜬다.

기억질량 불변의 법칙

1

아기 목욕비누 냄새 찰랑이며
유모차 여인이 연신 길을 되감는다
자정 가까운 인도
아기의 잠투정 달래는 나직한 콧노래
전봇대마다 수없이 꼬인 전선들의 발장구
서로의 불편한 관계 전류를 방전하듯
갈팡질팡하던 빗방울 콧등 위에 안긴다

2

물의 기억으로 떠도는 구름,
구름의 몸짓을 담은 비
비 맞은 은행 알 뭉클하게 밟힌다
종일 입 다문 구린내 쏟아진다
탄력 잃은 기억의 마디 건드리며
불투명 창이 열리고 비바람 들이친다
언덕길 슈퍼 처마 아래
한 양동이 낙숫물 불빛을 끌어안고
깁은 고양이 제 고독을 핥는나
버스 뒷자리에서 머리 흔들며 졸던
하루가 덜컹거리며 오르는 길

일상의 후렴
비탈진 낮은 지붕창에 번지고
암 발병 후 곧장 세상 등진 동지에 대한 연민을 읽는다

3

시간이었다가 너였다가 빛나는 모습으로 네 곁에 서고 싶은 열망이었다가 나와 함께하는 소멸의 욕망이었다가 찬바람은 생의 가변도로를 달린다 기억의 마디마다 네가 뭉클하다 그리운 것들은 질량이 보존되는지, 은행잎 전단지 투명한 서체로 새긴 촘촘한 전언

4

수많은 익명의 귀갓길, 뒤늦은 초록의 작별이 물기 머금은 채 가로등에 빛나는 길, 그 길 뒤돌아 감는다 시간의 물렛가락 한 움큼 기억의 실을 풀어내며, 모교 뒷골목 '다시서는 다오리' 분식집 벽의 낙서들 기억의 거미줄 출렁인다. 이십여 년이 지나도록 내 이름 불러주는 주인아주머니, 슬픈 피아노 건반 되어 기억의 통점을 누른다. '잘 살지?'

방전된 귀갓길, 한없이 가볍다가 물기 머금은 발목이 질퍽거려도 내게 남은 길을 마저 걸어야겠다.

마리오네뜨 미소

유령이 출몰한다는 시월 마지막 밤, 여자는 사라졌다 구름 사이 고개든 달빛 향해 우우 연기를 내뿜다가 연기와 함께 흩어졌다 한쪽 어깨는 버드가지처럼 휘날리던 귀갓길, 사람 훑어낸 빈 공원 붉은 입술 혼자 잘근거리며 가슴 태운다

바람의 위대한 부름에 공중 부양하는 낙엽의 저음 깔린 시월 마지막 밤, 십이 층 할아버지는 나뭇가지에 생의 바통을 넘겨주고 낙엽처럼 화단으로 지셨다. 하얀 천에 둘둘 말려서 늙은 아내의 신원 확인 도장이 찍히기 전까지 기다렸다 시퍼런 녹을 게워내며 이승의 경계를 넘어 서서히 굳어갔다 낙엽은 나비 춤사위 공중부양 회오리 영산회상을 연주했다 1004호 푸른 창이 소문을 부릴 때 여자는 적막의 토굴을 기웃거리던 중이었다 고층 아파트 마디에서 입시정보와 노후 대책 투자 광고 자본에 물들인 과거의 여자는 되새김질을 멈춘다. 죽음이 두렵지 않을 만큼의 우울을 껴입고 머릿속 빈 뜰을 들인다 겨울 문턱에서 여자는 없다

엄마와 아내라는 줄로 작동되던 먹먹한 눈빛, 습관

성 알콜증후군에 이끼 낀 눈동자 하얀 눈발이 자각의 파동 일으킨다 중환자실 문병 가던 호남고속도로 지평선 끝에 내리꽂히고 싶던 여자는 종착지에서 북두칠성과 눈 맞추고 삶을 맹렬히 갈망하기 시작했었다 내장의 숲이 기억하는 탯줄의 아픔, 탯줄로 공수된 아버지 어머니의 외로움과 결핍이 오장육보 장기를 슬픔으로 키워왔다고, 고통의 꽃자리에 상처가 녹고 에너지 똬리가 작동하며 여자는 없다 마리오네뜨 여자가 줄에서 놓여나 하얀 티슈로 흩날린다

다음에 만나자던 약속은 지켜지지 않았다 각인된 실루엣 가슴에 밟힌다 계절의 골은 깊어져 마비된 희망의 아우라 달무리 진다 세상은 남고 여자는 없다 매듭 풀어 공중 부양하는 낙엽 따라 하얀 티슈처럼 고층아파트 창밖으로 영혼을 방생한다. 친절한 미소의 오래된 습관 대신 먹빛 눈물을 흘리던 여자는 이제 더 이상 없다

만화경 속 모든 죽음

찢긴 복권 낱낱 나방 날갯짓 되어 일어선다 사랑하다 잠든 밤 죽어 있는 나를 보았다 네거리를 달리고 나는 질주한다 몽환의 만화경 속 목 멘 친구의 베란다와 어둔 거실 남매의 운명을 기웃거린다 피부암 진단 육개월 만에 항암 모자와 마스크로 하늘 가린 동지의 마지막 일터 도서관을 휘돌아, 이모의 장기 한 통 잘 곰삭던 영안실 냉장실 지나, 연등축제 뒤풀이 졸음운전이 밀어낸 친구의 부서진 육신 흩어진 올림픽대로를 달려, 머리에 붉은 꽃 꽂은 채 우물곁에 선 발가벗은 아이, 수많은 회색 전사들 쓰러진 전장터 벚꽃 날리는 달밤의 만화경을 달려, 고독사 구더기 낀 노구를 건너, 그 때 그 순간만은 진실했어 영원성의 희구 배팅 결과는 제행무상. 무묘앙 에오*의 무념방에서 사랑을 나눈다.

*무묘앙 에오 : 일본 명상가로 36세까지 살았음

내가 배설된다

꿈 회랑 발자국 소리 동맥을 깨운다 문을 열어 들어서는 빛 알갱이 창백한 역광 그림자가 굵고 나직한 목소리로 흐붐한 병실 세균의 정령들을 걷어낸다 약에 취한 동공이 눈꺼풀을 들어 올리며 차가운 손바닥에서 우월 인자의 여유로운 냉소를 핥는다 달콤한 구속을 즐기며 더욱 더 가르랑거리는 암살쾡이 퇴실

커피집 앞 버즘나무 가로수 아래 잔설과 반죽된 토사물을 쪼아 먹는 비둘기, 도심 성곽을 꼭 붙든 이끼는 잔설과 버물려진 나머지 겨울을 먹고 있었다. 집의 내장 방마다 부글부글 소화되지 못한 내가 배설된다 부지불식간 내가 나를 쪼아 먹고 마취에서 깨어나 병원 자동문 버튼을 누르며 쏟아진 한 움큼 비애의 비듬 털어낸다 온도 습도 다 맞는데도 곰팡내 나던 묵은 그에게도 한 움큼 바이러스 흩뿌리며 비둘기의 퇴화되는 날개와 더불어 냉혈 족속이 쏟아낸 말의 오물 쪼아 먹는다 체한 숨을 넘기며 걸쭉한 이완의 트림 올리며 배설된 나를 쪼아 먹는다

실직의 골목

옥상 피뢰침에 앉은 날것의 욕정
까마귀는 부상하고
아이들의 책가방은 부풀었다
무료한 몽정 끝은 수치심
여기에 있지 못하는 실직의 골목
과거로 달려가는 반추의 우울과
미래로 달려가는 정체불명의 불안
겨울을 배회하며
젖은 동공이 언 길을 걸을 때
먼발치
겨울 담벼락에 기댄 노구 서넛
눈 녹은 낙숫물 가락 장단 맞춰
시간의 퇴적층
그렁그렁 매달고 앉아 있다

가시

여자는 가시를 뽑는다 가시의 출처는 모호한 모든 결핍과 환영, 논일하는 어른 흉내 내며 낫질 장난에 새끼손가락 끝마디 힘줄을 베인 데 담뱃잎을 말고 놀던 무지의 한여름, 충혈 된 눈으로 전설의 고향을 보던 피로와 구멍 난 양말에서 삐져나온 발가락의 누수, 편도선이 부은 채 업혀간 과수원에서 가장 작은 사과를 얻기 위해 엄마 등을 적실 때부터, 어둔 골방에서 춘화를 몰래 보던 부끄럼 건너, 농부의 딸이 진학한 서울에서 치룬 결핍과 가난한 연애의 추락, 시의 문턱에서 외줄타기, 질투의 가시, 무기력과 두려움의 가시, 결혼 후 충족되지 않는 소비욕의 가시, 놓친 시간의 가시…

여자는 무두질한 가시를 뽑는다 더 늦기 전에 그를 껴안기 위해

장독대 옆 탱자나무 울타리에 다시 모실 가시

순간의 유통 기한

두꺼운 양장의 대기
하늘 갈피를 열고
부동의 존재와 의미 없는 눈인사를 나누며
온방 울리는 나무마루 건반을 밟으면
의식의 집이 눈을 뜬다

지금은 없고 나도 없어
순간의 사용지침은 찰라
내가 없는 자리에
기억이 뚜벅뚜벅 다가와도
순간의 유통 기한은 찰라
뫼비우스 순환의 고리
매 순간이 다시 태어나

56억 7천만 년 항하사 무량수
순간이 증발하고 부활하지
지금의 유통 기한은 시방
강사인 날 보며 학교장이
'이미 누구세요' 라며 배번 묻네
제 유통 기한은 지금까지거든요.

순간의 저를 기억하지 못할 뿐이에요

찰라 생
찰라 멸
지금의 나는 없지

그늘의 덕담

땅은 봄마다 거대한 신화를 뿜어낸다
두엄자리 아지랑이 노래 일렁인다
긴 노동 감내한 낡은 몸
노구의 수원지 꿈틀거린다
홀로 일구는 아득히 먼 길
어머니는 종일 홀로 땅콩 밭을 매셨지
잡풀 뿌리 걷어낸 흙에 제 몸을 심으며
무릎걸음 고랑에서 온몸 관절은 흐느꼈다

홀로 밭을 갈던 엄마에게
한 할머니가 다가와 함께 김을 매자며
노란 주전자 더운 물로 마른 갈증 식히고
종달새 산비둘기 도란도란 말을 섞고
노인과 선산 밭일 마치고 마을로 내려오던 엄마에게
땡볕 아래 여태 혼자서 일했느냐며
동네 어르신 혀를 차고
고독한 노동이 일군 환영의 파트너
해거름 통증의 수원지 꿈틀거려
뉘발 없이 담소 나눌 벗이 갈증난다
봄의 대지는 한 여인의 신화를 낳고

죽어서도 머리카락과 손톱을 키우던 어머니
석관 속에서 출렁이며
그늘 같은 볏과의 덕담 키우셨겠지

하늘 잠금 해제

간밤 귀가하지 못한 길
서성이는 식욕 앞에
어린 고양이의 헝클어진 털 마주한다
중성화를 치른 징표로 간직한 잘린 귀
집을 나선 눈동자의 부푼 길 마주한다

각자의 무게만큼 웅크린 어깨들
하루의 입장을 기다리며
바람의 정원이 열리는 시간

학자금 대출을 갚지 않겠다고
매일 아침 굳게 다짐하는 스물다섯 어린 동료와
우울한 마법사 지망생 묘령의 온라인 친구
하드코어 포르노그래피로 메마른 욕망을 적시는
무료한 중년이 마주한 길

영하의 심호흡 콘크리트 잔금을 비집고
매화꽃 부서지는 미소 새어나오고
캄캄한 대기는 환영을 부른다

간밤에 피어난 노란 토사물 같은 일출을 쪼며
비둘기의 구부러진 발톱의 젖은 날개
잠금 해제 하늘을 찢고 날아오른다.

울림통

소리의 뼈가 일어선다
저린 근육과 살에 파묻힌 뼈마디가
온전히 소리로 일어선다

피로한 안개 속
콘크리트 아침 숲의 기지개
나뭇가지 새의 파동
운기조식하는 대기의 열정 앞에
간밤에 직조한 독백
절망의 도강 지난 어제가 아스라하다

아이의 말간 새근거림으로 일어서는
아침 대기에
어제의 절망을
더 이상 기억할 수 없다
모든 순간이 과거임을

시(詩) 없이 숨 쉬는 게 아님을
너 없이 나 온전히 일어설 수 없음을
너 있어 나 없음을

시간의 강을 건너는
존재의 울림통
근본적 자각의 발아에 경배하며
순연히 하루의 배를 띄운다

겨울나무

나무의 뼈를 안은
겨울 정오의 열애
전지된 가지 남은 근육이
구름을 부른다
꽃의 약속
겨울눈의 파리한 입술
버즘나무 등걸에 등을 기댄
청명한 의지 앞에
허물 벗는 짙푸른 하늘
누구도 건드릴 수 없는 내일을 지지한다

혼자서 밥을 먹는 오후
나무는 잎들의 합창
모두 떠나보내도
껍질 벗고 빛나는 내공
하얀 순수를 방사한다.

대설

모든 허공이 너다
산등성 고르게 내리는 너를 읽는다

종종 방문한 모든 이별에 감사하며
에필로그가 너라서 다행이다
너를 정독하는 어제와 오늘
연일 내리는 낮과 밤
폭설의 작렬
눈발은 고르게 대지를 감싼다

너를 품어서 빛나는 별에
얼굴을 내민 달빛의 호기심
가지는 얼어붙어 더욱 반짝이고
마음의 광야에서 바람의 말이 달린다

가슴이 가슴을 만나지 못하면
한없이 애정을 구걸하지 싶다

항하사 무수한 헛발질 멈추고
너를 읽는 정독의 힘으로
폭설에 고스란히 선다

가을 투망

물 냄새 먼 망우리 언덕길
노인이 물풀 가시처럼 빛나는
초록색 투망을 꿰맨다

흰 종잇장에 손을 베어 흘린 핏자국 같은 하늘
벌겋게 얼룩진 구름을 밀어낸다
처녀성 먹빛에 가두고 머리를 민 친구는
노을 조명에 만개한
울긋불긋 구름꽃 사진
띄워 보내곤 했다.
투망에 걸리지 않는 체온,
백내장 구덕구덕한 눈의 흰자위에는
종일 벌건 딱지가 맺혔다.
저물지 않는 백야처럼 숨 막히는 우울,
바싹 구워진 도로에 물줄기 쏟아진다
은비늘 퍼덕이는 물고기 떼 몰고 온다
반짝이는 투망 길게 뻗어 희망을 낚듯
콧수염 단 맑은 물고기 가슴에 품는다
하늘 쪽문이 열리고
가을빛 걸어오신다.

오색찬란한 지느러미 펄럭이며
가을 투망 속으로
내가 깊이 안긴다.

물 냄새 먼 무덤가
분연한 집착이 끄덕거린다

도깨비 식당

인도에는 두 도깨비식당이 있다
하나는 델리시 빠르간즈에
다른 하나는 다람살라 멕그로간즈에
두 식당의 주인은 한몸이었으나
남자는 여행자들의 쉼터 깊숙이 들고
여자는 어린 딸을 데리고
설산 아랫마을에 자리를 잡았다.
한 때 부부는 비가 하늘을 덮는 긴 우기
막막한 어둠에도
어깨를 마주하며 서로를 바라보았다.
기갈 든 인도와 살을 섞으며 유랑했다
인도를 찾는 가난한 순례자들에게
도깨비 식당은
하나이면서 둘이고
둘이면서 하나인
서로가 안부를 묻되 만나지 않는
애증의 기호가 되어
여행의 지도에 새겨져있다.

팜설탕

팜설탕 한입 털어 넣는다 나무의 수액이 흐른다. 나무의 피돌기 뛰어논다. 허락 없이 물관은 누수되고 한기로 몸을 떤다. 떨림의 정체를 추적해도 소용없다. 우울한 날들이 가녀린 그녀를 옭아맬 때, 그늘진 침엽수 아래 축축한 이끼처럼 파리했다. 우로보스 뱀이 자신의 꼬리를 물듯이 그녀는 자신을 먹어댔다. 안에서부터 서서히 무너지고 있었다. 껍질뿐인 몸뚱이는 바람에 나풀거리고 위태로웠다. 정체불명 신호는 도처에 도사리고 즉신성불 일체개공 그녀의 입자가 사라지길, 냉장고 모터 소리 휴대폰 문자 수신음 공기청정기 펜 돌아가는 소리 엘리베이터 버튼음… 소리의 수액이 흐른다

집 없는 달팽이

맨살로 기어가네
마른 자갈길 풀리지 않는 긴 갈증
여름날 아침 풀잎에 핀 이슬 꽃은 쉽게 시들고
땅은 끓기 시작하네
사그리 드러난 가여운 목숨
집 없는 달팽이
투명한 햇살에 제 몸의 물기를 닦고
서서히 굳어가네
맨살로 기지개 켜고 일어나
맨살로 잠시 더듬어 걸어왔을 뿐이라며
제 몸 마주한 꿈을 찾다 지쳐 잠시
잠든 것뿐이라며
껍질 없는 달팽이
부드러운 제 살 속 깊이
삶의 독한 기운을 들이킨다

제3부
바라나시의 해돋이

훌렁훌렁 치맛자락 휘날리는

훌렁훌렁 치맛자락 휘날리는 벚꽃 잎, 허밍의 붉은 입술 다문 명자꽃, 수수꽃다리 헤드뱅잉 봄볕 조명 무대가 펼쳐져도 먼지 솜으로 기운 시간을 포갠 채 미끄러지는 스텝 되뇌인다 봄이 깊을수록 내 안의 어린짐승은 외로움의 터럭을 한 올 한 올 고를 뿐

사월, 파란 설원 건너 하얀 피돌기 튀어나온 온라인 투사 걸어 나와 바람의 커튼 뒤로 정체를 숨긴 방사성 요오드 이웃나라 궂긴 소식 로그아웃한다. 찢어진 시간 틈새로 날 응시하던 쥐의 빨간 눈 과녁을 저격해 플러그 불꽃에 화장한다. 입술 기워진 은둔자, 자신에겐 엄하고 타인에겐 너그럽게 게임 오버!

봄의 방을 잠그고 고층아파트 계단을 내려와 계절의 신발을 벗는다 시간의 집을 떠난 신발 여름의 문지방에 들어선다 내 기억의 피안, 감나무 그늘로 간다. 감잎의 머리감은 햇살 찰랑거릴수록 절절한 배고픔으로 내 영혼의 새벽은 눈뜨는가

간월암

바다는 길을 지우고 길을 낳는다
썰물의 부질없는 길과
밀물의 황홀한 물길
간월암은 길을 안고 길을 지운다
그 길 없음에도
저녁밥을 짓고 독경을 읊는 여여(如如)

낙엽 향기 그윽한 오후
애씀 없는
저절로 황홀을 꿈꾼다
회색 화폭이 흡입된 아련한 풍경

바라나시의 해돋이

벌거벗은 순례자들 뒤틀린 사지를 포갠 채
계단마다 빼곡히 누워있어도 길은 활짝 열려있다
갠지즈강 해돋이 나선
여행객의 발치에 걸리는 낯빛들,
구경꾼들 다 사라진 뒤 인분을 뭉개고 앉아
여름밤을 뜬눈으로 지새운
임계점에 서 본 사람은 그들의 손끝에서 생의 노래를 본다.

제 살, 제 뼈를 갉아 먹는 쥐떼와 동침하며
두 눈마저 먹힌 고단함 뒤에
시간이 희붐하다
그들의 눈은 열리지 않아도
지평선 끝 바람의 묘지를 본다.
카레 섞인 누런 밥덩이 같은 해를 목구멍으로 넘기고서야
아침을 아는 그들에게
마지막 옷자락을 태우는 화장터 가트*마다
님실거리는 죽음의 냄새가 고소하다
삶은 죽음을 넘어 환하게 웃는

아이들의 미소로 이어진다.

제집인 제 몸으로 기어들어간 사람들
언젠가는 흔적도 없이 연기 속으로 사라지리라
뒤틀린 사지를 펼친 두 눈에서
아침 해가 펄럭인다.

*가트 : 바라나시 화장터

산이 산에게

늘 기다리잖아
우물에서 걸어 나오렴
의식이 펼쳐놓은 구름의 전언을 보아

보내준 소식은 이마에 새기고
눈물뿐인 빈 어깨의 고백을 들어
왜 하필 겨울 산인지
만년설만은 고독을 이해해
산은 듣고 보아
서설이 길을 열고
바람의 긴 가르마 따라가 보면
메마른 골짜기 손가락 하나 꽂아도
통증 하는 가뭄의 돌산
짙푸른 나무의 혈맥은 흘러
메말라도 푸른 맥박 물꼬는 흘러

텅 빈 자유 희망만발
의식의 속살로 들어오렴
꽃실을 수가해
어느 구름의 반말은 흘려보내

늘 기다렸어
내 품에 안기길
읊조리는 절벽쯤이야
암벽의 외줄 연주는 탯줄 모험인걸
산은 산을 기억해

새의 살림

새는 집의 뼈대를 물고 난다
간판과 벽 사이 터 잡은 신접살림
요리조리 설계하며 챙긴다.
새의 장롱은 느티나무 잔가지 틈새
어린 것의 솜털을 차곡차곡 개어놓는다

다른 나무에게 세들 때도
새들은 큰 소음 없이 리모델링한다
헌 가지는 땅에게 고스란히 돌려주고
공사비 하나 없이도 한 쌍의 날갯짓만 있으면
한 살림 뚝딱 장만한다.

새의 이브닝드레스는 천연 레이스
한들거리며 신혼 방 꾸리고
건너편 여관에서 살림 차린 어린 부부 안쓰러워
부리로 창문을 콕콕 두드리며
행복 한 수 가르쳐준다.

서로의 부담스런 충고 한 귀로 듣고 흘리며
몸의 근육을 키우듯

넉넉한 마음의 근육을 키운다
새는 아침마다 제 속도로 날아
행복을 하자 보수한다.

어머니 푸른 입술 화장하며

밤낮 일만 하다 돌아가신 어머니
푸른 입술을 붉게 화장한다
굳은 살 베기고 갈라진 발뒤꿈치
버려진 못에 찔린 파상풍보다
집나간 큰언니 가슴에 대못으로 박혀 울던 어머니
뽀얀 분을 바르고 염습한 어머니
병풍 뒤에 모셔두고
집나가 몇 년 만에 돌아온 언니
그믐 장독대 어둠처럼 말이 없었다

웃자란 황국 줄기 끈에 묶여
남겨진 팔남매처럼 서로를 지탱하며
서리를 이기고 있었다.

녹슨 환풍구

옥상 환풍구 햇볕에 그을린 녹
흙빛 풍화의 회향
붉은 이슬로 눈 뜬다
멀리 바위산의 맑은 이마
천년 기도 염송하듯
눈 맑은 납자 진종일
가슴 연못에서 자맥질한다

이따금 마음속 천산 심지
사막의 가슴 방 따끔거려
시간의 한 땀씩 바늘 끝 통증 삼키며
부재중 입김은 기억을 물들인다
이별의 거름에서 피어난
고통의 꽃향기
적막의 토굴에서 녹슨 환풍구를 돌린다

다리가 허공에 걸친

땅거미 덮여 와도
돌아갈 길 찾지 못하는
주택가 골목 놀이터.
놀이터를 떠미는 모래바람은
한 번도 제 모습을 보인 적이 없다.
내 눈에서 붉은 꽃잎들이 튀어 오른다.
아이들을 볼 때마다
얼굴의 고랑, 아이들의 눈물 꽃이 흔들린다.

놀이터 모서리 구름다리 그늘에서
하늘을 건너지 못해 웅크린 어린 새
날갯죽지가 흔들린다.
엄마의 향기마저 가물거리는
빈 둥지 찾아드는 아이들
내 눈 웅덩이에 뛰어든다.

타지로 일하러 간 아버지의 작업화만이
현관을 지키는 집에서
밤새 시야를 흐리는 인터넷에
몸과 마음이 노화되는 시간을 보낸 형제,

아침 밥상에 머리를 맞대고
매일 이삿짐을 챙기듯 책가방을 꾸린다.
아이는 꿈의 암호가 궁금하지만,
희망의 로그인은 찬 모래바람에 떠밀려 간다.

나직한 숨소리로 운동장을 달려오던 아이가
내 눈에 뿌리를 내리고 붉게 타오른다.
나는 다리가 허공에 걸친 구름다리 아래
빈 하늘을 딛고 있는 아이들에게로 달려간다.
허리춤에 풍선을 매단 아이들이
일열 횡대 둥실 날아오른다.

새의 발톱

지난여름 죽은 새의 발톱에 찢긴
향나무 잎사귀 사이
일상은 그런 거라고 소탈하게 미소 짓지만
머리를 짓누르는 날갯짓은 연일 무겁다
시지프스의 돌덩이 같은 잠의 무게
검은 태양을 오늘도 굴린다

지구라는 울퉁불퉁한 옹관에서 부식되는 일,
내 어머니는 십년 동안 무덤 속
석관을 부유하며 머리카락과 손톱을 키우셨지
빈 옹기 속 공명하는 바람소리처럼
허탈과 공허를 두르고
거부가 부러뜨린 늑골 끝을 갈아서 시를 쓴다
출근길 만두 속 같은 지하철 출구에서
큰소리로 전화질하는 여자의 머리채를 흔들고 싶었다

가로등에 걸린 순한 가지의 발가벗음
새의 발톱은 휘어진 채 풍화되고
뭉개진 새의 의지를 디자인해준다
해진 일상을 여미고

페인트칠 벗겨진 공동주택 헐어진 벽면에
촉수 뻗어 스며드는 담쟁이처럼
일상은 서둘러 쌀을 씻고 좌정 후
정수리의 우물을 긷는다

팔다리 잘려나간 직화구이 살점에서 기름이 떨어지듯
눈가에 매달린 얼굴 씻어낸다
시간이 포식한 집요한 그림자
아득해진 지점에서 몸통이 녹고
타오르던 가슴과 눈빛도
연기 되어 가물거린다

머리카락 한 움큼 엮어
그에게 다다를 신발을 삼을 수 있다면
순백의 고요에 삼투압 된 그가 흐른다
경계를 넘은 새의 발톱 가지를 붙든다
부활은 시도 때도 없이 나를 부른다

햇살 안부

1

풀이 품어 오래된 폐가 한 채 무릎 구부리고 마을 어귀에서 기다린다 붉은 양철 방앗간은 저수지 앞에서 습기 먹어 딸꾹질하고, 어린 벼는 일제히 바람의 구령에 맞춰 율동하는 초록 무대, 밀짚모자 농부가 자전거 타고 천천히 농로를 달린다 갇힌 실루엣은 해방의 화폭을 부른다

2

태풍이 지났다 버드가지 지푸라기 물거품을 머금은 잔해, 물에 올라타지 못한 비늘도 삭아가는 흐르지 못한 마음이 고여 홀로 삭는다 이른 아침 고속버스, 내내 무거운 마음에 비가 내려고 물꼬 열어 안부 전한다 그대는 나를 보는 거울이라고,

갈망에 찬 바람도
그 다음 도달하는 지경도 사랑한다고
옴도
감도
스침도
모든 흐름과 머무름도 사랑한다고

3

풍문에 내 죽었다고 전해 들으면 그뿐, 이렇게 뜨거운데 어떻게 살았는지, 두려워서 순종하듯 외로워서 뜨거웠던 게지 마음 속 더운 눈물이 비가 되어 내려, 답장 없는 거 알아, 귀환하는 왕을 기다려 스스로 우뚝 선 세기의 왕 말이야 알록달록 말들의 날들 서로의 향기 부비는 꽃말들

4

내 몸을 대접해 주세요
내 몸과 깊은 대화를 나눠보세요
내 몸에 귀를 기울여 보세요
어디 불편한 곳이 있는지 주의를 기울여 보세요

천혜의 원시청정은 무구하신지

우화

어둠을 녹여 변태 중이에요
꼬물거리는 영적 촉수
갈증이 오롯해요
야문 고치 풀어 인연을 엮어야죠
딱딱한 속살을 건드려도
끄떡없는 뻔뻔함으로 무장해요
딱지 얹듯 무거운 날개 갈고닦아
양날의 칼날 같은 날개를 너울거려요
당신의 시선이
베이지 않도록 조심하세요.

강아지 쿠데타

남한산성 바람 길 막고 들어선 보신탕집, 치간 앞 목줄에 묶인 흰 강아지 가마솥에서 익어가는 제 어미 살 냄새 맡는다 손님 밥상에 오른 형제의 살에서 발린 갈비뼈 쓰레기통에 처박힐 때마다 킁킁

죽음의 살덩이 말끔히 먹어치우는 포식자의 너그러운 습성과 달리, 살점을 발라내며 죽음을 유희하는 인간의 도륙, 화투판 술판이 오락가락, 돼지는 구제역, 소는 광우병, 새는 사스, 순연의 질서 무너뜨리는 개의 쿠데타처럼 강은 범람하고 벌목의 산은 토사를 쏟아 붓는다

남한산성 계곡 평상 위 팔순 노모 생일상, 가마솥에서 끓고 있는 살덩이. 털이 떡진 강아지 아들의 손을 핥는다

능가산 내소사

홀로 오랫동안 바람결에 닳던
잣나무 오솔길 깊다
침침한 마음 천왕문에 이르러
문득 뒤돌아보니
오던 길 환하다
어릴 때 놀던 보리수 지나
빗속 걸어 온 배낭의 사내
온통 젖은 날 보더니
법당 촛불을 켜지 않겠느냐 묻는다
능가산 관음봉 아래 좌정한
빛바랜 꽃살문의 맑은 미소
세월의 비에 씻겨 고요하다
전각의 추녀 끝 물방울
곰소 앞바다 맴돌던
비구름 불러 아늑한 삼매에 젖는다.

눈 맞는 미륵

전라도 고부 산 고봉마다 미륵이 산다
산비탈 바윗돌 오려 새겼거나
징 치고 살을 애어 농투사니 청산의 긴 밤
현생의 고난 물리쳐줄 미륵을 염원했으리라

고부지서 앞 도로가 찬 눈 맞는 나락가마니
눈보라 깃발 흔들며 경운기 줄지어 서있다

한해 농사 먹어 보도 못하고
들국 삼베옷 입고 떠나신 어머님
미륵전에 모시고
쓴 술 음복허고 내려오는 비탈길
바람타고 천지를 넘나드는 곡(哭)
돌미륵 미소가 눈발에 흐리다

검푸른 산

그대가 마음 열어도
온 내내
발 디딜 데 없이 바람 분다면
산자락 덮고 누워
낙엽 되어 삭을 일이오

그대가 산그늘 드리우고
먼들까지
배웅하는 하루해가 설핏
낮붉히고 서해로 고개 내리는 어스름 적막,
아랫마을 내려다보면
언뜻 보일 거외다
살 오그라든 긴 세월
저버리고 저버리는 마음 굽이굽이
지팡이 짚고 그대를 마주 보는
노로의 침묵,
그대 들리는지요
대숲에 자리 펴는 새떼들의 뒤척임 소리
추억 속에서 그대를 꺼내 살 부비고 입 맞추던
한철,

골골 무성한 흐름을 잉태하고
검푸른 살빛 쇠지 않고 흐르는 푸른 피
그대는 느끼는지요
나여, 그대여
산이 된 그대여

그늘

당신이 숨차고 땀에 전 한때, 품을 드리우고
칼날같이 맨살에 쏟아지는 땡볕 아래 바람결 숨결로
목덜미 쓸어주었을 때, 당신은 바다의 맥박
이파리 하나하나 가느다란 숨결로
나의 마디마디 적셔왔습니다
한철이 지나도록
꿈인 줄도 모르고 잠든 채
서늘한 품에서 눈을 떴을 때, 당신은
빈 마을 감나무들처럼
장대 든 어린 손을 기다리다가 기다림에 탈이 나서
붉은 설사를 하고 미치게 하혈하더니
사산된 기다림을 안고
서리 앉은 내 머리에서 손을 거두었습니다.
검은 멍이 들고 사지가 꼬인 채
나는 그때야 당신은 내가 만든 한철의 환영임을 알았습니다
다시, 시절은 불임의 계절을 넘어 유록의 푸른 피 물결칩니다

순간에 대하여

비온 후 황토 언덕 더 붉고
햇살 투명해
얼굴 맑힌 풀잎도 빛나고
그림자 선명해
모든 게 한눈에 들어오는 순간
있는 거 다 주고 증발하는 소망 지폈소
무엇이 고통인지도 모르게
그 자체로
텅 빈 비어있음의 틀도 사라진 순간,
내가 또렷해 질 때
모든 게 또렷해져
드러누운 애인을 품듯
시와 정면 대치 할 때
비 온 후 매미 소리 팽팽하고
나는 그 위에서 의식의 춤을 추오
서툰 춤사위 무한의 손짓
깊고 환한 순간에 대해 나는 떳떳하리오
밤이건 낮이건 상관없이

여행

흙마당에 흰 이불호청
널어말려
그 위에 몸 부리러 가지

잦은 봄비에 눅눅해진 이브자리
긴 안거로 고인 시간의 비늘들
후후 불어내고,
시름시름 앓던 마음 부축해
유년의 기억을 챙기며,
두 아이의 어미가 된 여자 앞으로
성큼성큼 걸어오는
까만 단발머리 옛 계집아이 달래러,
지금은 피붙이 하나 없는 시골집
서까래 기울어져 간다는 빈집
너른 마당, 햇빛 속으로
마음 말리러 가는 게지

밤이면 개구리 울음소리 베고 누워
잘 말린 이불호청 위에
어미가 그리워 머리맡 적시던

옛 아이 어미 되어
두 아이 팔베개 해주며
좋은 꿈 만나러 가는 게야

뼈의 기억

항아리 속 버림받은 주검이
소나무 숲
일렁이는 시간에 삭아
하얀 뼈로 뒹굴 때
칼싸움, 꽃뱀사냥, 개구리 잡이
막대기를 휘두르며 숲 깊이 들어서는
동네 꼬맹이들 발길에 체여
인골에 고인 시간이
쏟-아-진-다
무명의 살 노래
되살아나
관을 꿈꾸던 내 무거운 머리
뇌수에 녹아든다

제4부

칩거 일기

시래깃국에 밥 말아서

허기진 귀갓길
진눈깨비 배회하는 골목에서
어느 집 창틀에 매달린 시래기 한 다발
코끝 움켜쥐게 한다
삶 속 부재의 여운 밀물져
날 반기던 어머니의 구수한 정이
두어 포대나 삶아서 말렸다난 시래기 다발이
엄동설한 내걸린 가슴을 절인다

힘들면 내려오라더니
갑자기,
저녁 상머리에서 '내가 왜 이런데' 하며 눕고는
영영 눈 못 뜨신 어머니,
한 생애 팔남매 뒷바라지
깊어가는 관절염과 논두렁 밭두렁 헤치며
일만 하다 가신 내 어머니,
자식 농사 다 보도 못했다고 서러워
숯 검댕이 다 된 우리 이모 혼절하고
늦가을 황국도 된서리 지고
슬레이트 지붕 위 별빛만 훤했다.

망자의 모습은 서릿발 무청처럼 새파란데
흐려진 저녁 밥상
더운 김에 콧물 훌쩍이며
시래깃국에 밥 말아 늦은 저녁 먹는다

겨울 약수터

늦은 오후 빗소리에 깨어나
아내와 주스병을 들고 약수터에 갔다.
앙상한 골격을 으쓱거리며
비 맞은 나무들
윗몸 일으키기, 턱걸이, 철봉에서 몸을 풀고
계절을 등진 청솔노인정 천막에서
피어오르는
라디오 유행가와 장기판 훈수소리
라면 국물과 막걸리 한 사발이 엇갈려
다를 게 없는
일요일 오후가 저물어가고
겨드랑이가 가려운 나무들이 일렬횡대
비 갠 노을에 일제히 오줌을 갈겼다.

겨울 창가 풀꽃 가족

기저귀를 널다 말고
시린 눈 부비며 날 올려다보는
밥풀만 한 흰 풀꽃 송이 기지개에
미소가 삐져나왔다
겨울 창 두드리는 바람은 찬데
베란다 모퉁이 햇살에 기대어
빈 화분에서 이마를 맞대고 꽃대 올린
풀꽃 가족이
갓난아이 배냇짓 같이 나를 깨운다

놀이터 풍경

– 기압골
낮은 기압이 몰고 온
아프리카 바베큐 치킨집 연기와 먼지 속
아이들 공차기 하며
손가락 빠는 젖먹이 유모차에 태우고
어르신 한 분 굽은 등나무에 기대앉아
무심히 일상의 티끌을 골라내듯
느리게 부추 단을 다듬는다

– 비갠 후
비갠 후 놀이터는 공사가 한창이다
웅덩이 파헤치며
도랑 일궈 강 내고 호수 이뤄
물줄기로 다듬어진 커다란 지도 만든다
흙탕물로 그린 세상
모래놀이 하는 아이들 손이 분주하다

칩거 일기 1

-화분 속 이끼

며칠 동안 마음에만 살았다
붙박이 가구의 모서리 외눈으로
TV 자막을 훑던 정물의 시간들,
지역정보신문 구인광고를 들척이거나
사지를 구부린 채 잠이 들면
먹이를 응시하는 두꺼비처럼
등껍질이 딱딱해져 깨어나곤 했다

겨우내 길이 지워진 허공에서
관음죽 화분 속 푸른 이끼는
침묵의 공간에서도 생명력을 증명해줬다
시간은 세상에서 비켜선 나를 그냥 지나치고
칩거의 일정 길어지며 세상이 궁금해졌다
마음 속 작은 초원이 움트기 시작할 때까지
(이제 칩거의 일정을 마감해야겠다)

칩거 일기 2

–달빛 놀이터

서울은 정월 대보름
자정 넘어 귀가한 남편과
달구경 갔다
아이들이 비워준
달빛 놀이터
남편은 귀밝이술에
취기 어린 속내를 풀어내고
종일 심심한 아내의 그네를 밀어주었다
고층 아파트 피뢰침에 걸터앉은 대보름달,
둥근 눈을 굴리며 천연히 웃는다

봄눈

봄눈 내리는 강변
줄기가 가녀린 나무들 허리 굽혀
강물에 얼굴을 비추고
간혹 우울한 낯빛으로 휘파람을 불거나
남은 잎사귀를 마저 떨구었다
방생 나온 아낙들 행렬 관광버스에 실려 떠나면
채 헹궈지지 않은 향내에 등 퍼런 자라는
아이들의 손에 잡혀 시멘트 바닥에 던져지거나
한강 갈매기들의 병약한 벗이 되어 죽어가곤 했다
흩뿌리는 봄눈 흐린 시야에
시간은 뒷걸음치고
떨리는 어깨로 당당히 맞서는 절망과의 저항

1998년 여름

비 개인 날
일상의 쉼표를 찍듯
아이랑 전시장에 갔지요

사방에 포진한 습기
거리는 불안한 냄새 배어 있고
아이는 장마전선에 추락한 잎을 주워와 날려보곤 했지요
무디고 오작동하는 가슴에 수혈 받듯
수묵의 야생화 어우러진 화폭을 지나
스치는 사람들 풍경 사이 언뜻 나를 엿보듯
좌탈 열반한 노승의 실루엣에 걸려든 마음

모자는 잘 건조된 마음을 입고
철 이른 잠자리 떼 좇아 날아올랐지요.

종묘에서

정전 돌 마당 귀퉁이
단풍 든 얼굴로 젖을 물리는 여자, 등 뒤로
젖무덤 더듬는 조막손 같은 잎새들
가슴을 어르고
길 위에서 몸 뒤척인다

수련꽃 흔적을 삼킨 연못가에선
몸 기둥이 붉은 주목이
부랑인의 등을 받치고
함성 삭힌 은행잎들 길에서 펄럭

종묘 숲길 느린 숨 좇아
비비새 노을 한 점 물고 날아오른다

블라인드에 조각난 사내를 보았다

그는, 희미한 어둠 속에서 블라인드에 조각난 한 사내를 보았다. 생을 목도하듯 변기 위에 다소곳이 앉은 그, 모퉁이를 돌아서는 허리 굽은 사내의 망령, 생활은 끊임없이 의미를 좇고 있다는 잠언 속에 금속성 눈이 내리고 늙어가는 지구와 함께 살아있는 화석이 된다.

ON 또는 OFF를 누르세요

이십층에 내걸린 종이꽃 등(燈) 지상을 관조한다. 종일 아파트 건물이 뼈마디 소리를 내며 함께 울어주던 밤이면 비애가 몰려와 날 겁탈하곤 했다. 퇴화되는 팔다리 몸을 흔들며 자맥질 하는 바람 소리에 화면조정의 자막들, 한 지점에서 멀어지기 위해 애썼던 시간들, 추억이 되기 위해서는 더 많은 시간이 필요했던 날들 -ON 또는 OFF를 누르세요. 기억들을 뒤적거리다가 가여운 한 시절을 포장해 본다. 들국화의 행진을 목청껏 부르던, 담장에 걸터앉은 라일락 한 움큼 건네주던 사월 … 왜 모든 추억에는 봄기운이 묻어있는지. 성에꽃 핀 창(窓)과의 치열한 내전(內戰)

내력(來歷)

–언니의 방

1

언니의 방은 비어있다
시집간 언니의 방은 비어있다
붉은 불빛도 요사한 웃음도 새어나오지 않는
멍든 사지 눕힌 언니의 방은 비어있다

2

조물조가 사람을 만들 때 구더기 다음으로 여자를 만들었단다
검게 탄 어머니는 갈라터진 손에 눈물을 쓸며 언니를 보냈다
고추밭 둔덕에 쓰러져 갈대꽃에 머리를 비비던 언니는
입술이 타는 바닷바람 섬 총각 뱃사람 만나
인천 송림동 삼팔따라지 아파트 밑
기우는 벌통집에서
작은 비비새 같은 딸을 놓고
덥수룩한 웃음으로 어린 살갗 키웠다

3

언니가 어린 딸을 데리고 딸이 어미 되어 어머니를 찾아

어머니는 당신의 설운 애기

담배 한 모금에 자지러진 손가락 눈물을 쓴다

니 외할아버지 거제도 뱃사람 내륙의 소금장수였다

니 외할머니 오지랄 독수공방 외아들 모진 기운 살끼어 단명이라

액막이하러 전라도로 건너 왔더니만

하룻저녁 죽창 들고 횃불 밝히고

하룻날 죽창 든 젊은이들 총 든 놈이 쏴 죽이더라

지랄병 걸린 시상에 잘 생기고 똑똑한 니 외삼촌 소식

고부 뒷동산 넘고 넘어 고창 어디메 논둑에서

시퍼런 혼으로 날아오고

전쟁 끝나니 외삼촌 붉은 딱지로 남아도

아들 손 없는 어매 아베 제사는 누가 모셔 업(業)은 이어져

소금장수 엄한 이모부 몰래몰래 도둑제사 지내는

머구 떼 들끓는 여름 밤

설운 혼백 제삿밥 밀가루 개떡은 설익어 설겅설겅

이년아! 찰흙같이 질기고 모질어 심지 굵고 애껴주는 사내 보랬더니
아들 손 귀이 여겨 한(限) 삭히는 어미 맘 몰랐더냐

4
조금이라야 빠끔히 문 열리고 언니 살 눕혀진다
맞벌이 목재 일 한 겨울 발 얼고 멍이 들어도
장정의 탄탄한 어깨 힘에 건듯건듯 막걸리 잔 주고받다
희미하게 들어서는 언니의 발소리
어느 사람 소리 포개져 들어오랴
어느 사람 발자국 언니 잡고 밀고 당기랴
언제나 온전히 휘청한 등에 판판한 어깨 거들 수 있으랴

유사 종족

우리들 속에서 유사 속성의 종족을 알아본다 살아낼 수액을 생성하는 만남

마른 나무 조각처럼 굳은 채 바스러지지 않지만 분명 눈을 뜨고 비통함이 무엇인지도 모르고 소리 내다 굳어갔을 것이다. 어떤 놈은 암수가 엉긴 채 화장실 나무 문짝과 나무 등걸에 달아 붙은 채 소리 없이 굳어갔을 것이다 화석처럼 단단하지는 않지만 너는 분명 숨 끊긴 순간 그대로 날개를 오므리고 입을 모은 채 기도하듯 굳어있다 계곡 바위 위에서 물소리 들으며 다리 쉼하다가 잠든 채 영원히 소리 낼 수 없는 죽음 덩이가 되었을 게다 계곡은 끊임없이 흐르는데 바람 불면 나뭇잎 뒤척이는 소리는 계절을 타고 있는데 아, 그렇게 한 점 아쉬움 없이 사랑을 부르다가 굳어가도 좋겠다

1992 송계 아랫길

복날 중앙선을 타고 월악까지 가는 길
삼십 중턱에서 회사를 그만둔 그가
묵정밭 개망초를 가리켰다
밟아줄 사람 없는 땅
산비탈 하얀 숨결 일렁이고
졸던 나에게 산 아래둥치 벌겋게 드러낸
가뭄의 충주호를 가리켰다
바람은 까딱 않고 매미소리 어지러워
길 위 사금파리 끝에 할퀴는 땡볕의 정오
송계 아랫길 늘어선 먹자골목
자갈밭에 뿌려진 생고기 피 냄새
그가 코를 벌름거렸다
날아든 쇠파리 떼
그가 내 손목을 끌고 말라가는 개울
다리 밑으로 갔다
더운 욕망이 끓는다
가마솥 걸고 상점 주인 서넛 화투장을 돌린다
거꾸로 매달려 검게 그을린 개, 허연 송곳니 흰 눈자위
번쩍 들린 귀, 강이 마르고 검게 탄 시체들 사방에
널려진

아프리카 가뭄과 기아의 대륙, 산부인과 쓰레기통에 떨어지는
태반이 몇 천원에 팔리는 생육 언저리
배 속에 똬리 튼 오욕이 꿈틀거렸다
목은 타고 내륙의 물길 야위어
계곡을 누비는 누린 고기 냄새
복날 산을 오르며 흥건히 괴는 땀
숨 가쁜 깔딱 고개 아랫길

강물의 집은 따뜻한가

친구여 강물의 집은 따뜻한가
그대가 뿌려진 북한강에 어김없이
겨울이 찾아왔네
뼈대 성성한 나뭇가지 끝에 점을 찍고
낙하하는 햇살
살얼음 강 위로
잠깐 빛나던 빛은
그대가 품고 잠든 순정이 아닌가

친구여, 안개가 연일 짙네
봄의 부드러운 살내 피어오르는
어스름 유록의 숲길을 걷던
그대와의 기억은 싱싱한데
겨울은 폐부 깊숙이 그늘져
무덤과 잎 진 키 작은 나무 사이
빛바랜 노을로 번지네

친구여,
그대의 잠사리가 춥지는 않은지
정지문 옆 토방의 개도 졸던

겨울 햇살 훈훈한 오후,
찐 고구마 먹으며
웃음 쏘아 올리며
그대와 함께 뒹굴고 싶네.

개펄

젖은 죽음의 빛깔
분명 거기에는 하나의 무덤 자리가 있다
폐선의 잔해 녹슨 닻이 묻혀있고,
거미줄처럼 헐어버린 목선의 뺏골
밀물에 깎이고 썰물이 앗아간
폐허의 육신 뒹구는 곳

분명 거기에는 죽음보다 더한 그리움 있다
긴 세월 젖은 알몸
서해는 하루에 한 번씩 옷을 벗는다
오직 땅과 입맞춤하기 위해
땅과 완전한 하나 됨을 위해
서해는 그렇게 젖은 알몸을 드러낸다

침묵과 인내의 개펄
적멸에 이르지 못한 꿈의 빛깔

물방울 귀향

안팎을 가로선 유리창
그리움의 눈망울
수정체 아려오는 그 눈으로
달리는 차들을 앞질러
뿌리를 향해
나는 사랑을 찾아 가고 있다
방울방울 맺혀 흐르는 물방울 귀향

묵정이 팍팍한 박토이거나
헛헛하게 쉰 한숨
거칠게 튼 삶의 주름 골
논두렁 밭고랑 실 맥 이어져
부은 살 겨울을 덮고 누운 들
아직 성긴 내 그리움의 뿌리는 남아있어

겨울비 안개로 흩어져 깔리는
흐린 들에
발 딛고 선 내 어머니의 넋이여
죽음보다 선연한 아픔이여
그리움의 뿌리를 향해가는 귀향 차편
들과 들 찬비는 내린다

에스컬레이터를 오르는 노인*

에스컬레이터를 오르는 노인을 보았다
지팡이 짚고 멈춰선 에스컬레이터를 걸어 오르는
노인을 보았다

잃어버린 햇살의 마을, 어우러진 한 쌍의 사랑을 그리워하는
마르크 샤갈전을 보고 집으로 가는 지하철,
계단 맞은편에서 걸어오는 백발의 시간을 보았다.
시간의 중심무게를 잡고 오르는
지팡이의 후들거림
멈춰선 시간이 내 모습을 비추듯
노인은 침묵의 시간을 반사하고 있었다.
환하고 따사로운 가을, 마을 고샅을 거닐던
뒷집 고모부의 모습이 그 노인에 비춰 어렸다
흰 수염발과 마고자, 작두날에 잘린 손가락이 허전한 목장갑을 끼고
뒷짐 진 걸음걸이, 노인의 고요한 모습은
나를 정지시키는 그 무엇,
환한 평화와 고요가 있는, 그 무엇,
나는 나를 정지시키는 순간을 사랑한다

서울 가을 한기에 들풀 내음이 그리웁고
나는 노인의 무심한 걸음걸이가 정진시킨 시간 너머로
그 노인이 되어 에스컬레이터 계단을 오르고 있었다.

*1993년 11월 24일 동대신문, 동대문학상

■해설

일상에서 무까지

황 정 산
(시인, 문학평론가)

1. 들어가며

서구의 한 문학이론가는 시는 언어의 의도적 왜곡을 통한 일상에의 저항이라고 말한 바 있다. 일상은 우리의 의식을 자동화시키고 상투적 인식으로 이끌어 진실을 은폐하게 만들기에 그것에 대한 의도적 일탈이 진실을 말할 수 있게 하고 바로 그 작업이 시라는 것이다. 이렇듯 일상은 우리에게 특히 시인들에게는 벗어나야 할 어떤 것으로 생각된다. 무엇인가 의미 있는 것, 가치 있는 것을 추구하기 위해서는 일상의 사소함을 벗어나 그것의 함의를 파악하고 우리의 삶에 목적의식을 가져야 한다는 압력을 받으며 우리는 살고 있다. 어쩌면 그것이 공부이고 또한 사회화이기도 하다.

하지만 이 모든 것이 진실이라 하더라도 우리 모두는 일상의 지배를 받으며 살고 있다. 먹고 자고 인사하고 지인들을 만나 별 소용없는 대화를 하고 이런 시간들이 우리의 삶의 거의 태반을 차지하고 있다. 황희수 시인은 바로 이 의미 없어 보이는 일상으로부터 시작한다. 그에게 일상은 삶의 부분이고 전체이다. 그리고 그 일상이 언어화 되었을 때 우리는 또 다른 시적 경험을 하게 된다.

2. 사소함의 기억들

황희수 시인의 장점은 삶의 소소한 계기들을 절대 허투루 보지 않는다는 것이다. 길가에서 마주치는 작은 꽃잎 하나 스쳐 지나는 사람들의 표정 하나도 시인에게는 또 다른 세계를 열어주는 단서가 된다. 그 사소한 일상의 기억들을 놓치지 않으려는 노력이 황희수 시인의 시적 작업의 출발이다. 비교적 이른 시기에 쓴 다음 시가 그것을 잘 보여준다.

비 개인 날
일상의 쉼표를 찍듯
아이랑 전시장에 갔지요

사방에 포진한 습기
거리는 불안한 냄새 배어 있고
아이는 장마전선에 추락한 잎을 주워와 날려보곤 했지요

무디고 오작동하는 가슴에 수혈 받듯
수묵의 야생화 어우러진 화폭을 지나
스치는 사람들 풍경 사이 언뜻 나를 엿보듯
좌탈 열반한 노승의 실루엣에 걸려든 마음

모자는 잘 건조된 마음을 입고
철 이른 잠자리 떼 좇아 날아올랐지요.

–「1998년 여름」 전문

아이와 미술 전시회를 간다는 것은 일상을 넘어서는 일이다. 그래서 시인은 그것을 "일상에 쉼표를 찍"는다고 말하고 있다. 그런데 시인은 이 일상을 넘어서는 선택을 통해 보게 된 그림에는 큰 관심이 없다. 그것이 주는 감동이나 미학적 충격은 그리 중요하지 않기 때문이다. 시인에게 정작 중요한 것은 일상을 벗어나기 위해 행한 전시회 관람 중 만난 또 다른 일상이다. 거기에서도 "화폭을 지나/ 스치는 사람들 풍경"이 시인의 눈에 보이는 의미 있는 현실이 된다. 시인의 눈은 일상을 벗어나거나 초월한 화폭의 세계에 있지 않고 그 화폭이 놓여 있는 일상의 공간에 머물러 있다. 이것이 바로 황희수 시인의 시적 세계의 출발이다.

다음 시는 그런 시인의 시선이 무엇을 말하는지 잘 보여준다.

옥상 환풍구 햇볕에 그을린 녹

흙빛 풍화의 회향
붉은 이슬로 눈 뜬다
멀리 바위산의 맑은 이마
천년 기도 염송하듯
눈 맑은 납자 진종일
가슴 연못에서 자맥질한다

이따금 마음속 천산 심지
사막의 가슴 방 따끔거려
시간의 한 땀씩 바늘 끝 통증 삼키며
부재중 입김은 기억을 물들인다
이별의 거름에서 피어난
고통의 꽃향기
적막의 토굴에서 녹슨 환풍구를 돌린다

–「녹슨 환풍구」 전문

시인은 아무도 관심에 두지 않는 옥상 위의 환풍구에 시선을 두고 있다. 그 중에서도 정말 하찮은 환풍구에 끼인 녹을 바라본다. 이 지저분한 현실을 마주하는 것은 고통스럽고 불편한 기억이다. 그러나 시인은 그 고통을 "햇볕에 그을린 녹"이라고 표현함으로써 우리의 일상이 주는 불편함과 아픔에 의미를 부여한다. 우리 모두는 가슴속에 이 환풍구의 녹과 같은 고통의 흔적을 가지고 있다. 하지만 그것을 통해 우리는 세월을 견디고 우리를 단련하며 흙터를 가진 몸으로 의연하게 버티며 서있다. 그리고 말없이 자신의 일상의 업무를 수행한다. 그것을 시인은 “적막의 토굴에서 녹슨 환풍구를 돌리다”는 비유적인 표현으로 말하고 있다.

다음 시에서는 우리가 마주하는 일상이 좀 더 다른 것들을 환기한다.

> 이십층에 내걸린 종이꽃 등(燈) 지상을 관조한다. 종일 아파트 건물이 뼈마디 소리를 내며 함께 울어주던 밤이면 비애가 몰려와 날 겁탈하곤 했다. 퇴화되는 팔 다리 몸을 흔들며 자맥질 하는 바람 소리에 화면조정의 자막들, 한 지점에서 멀어지기 위해 애썼던 시간들, 추억이 되기 위해서는 더 많은 시간이 필요했던 날들 -ON 또는 OFF를 누르세요. 기억들을 뒤적거리다가 가여운 한 시절을 포장해 본다. 들국화의 행진을 목청껏 부르던, 담장에 걸터앉은 라일락 한 움큼 건네주던 사월 … 왜 모든 추억에는 봄기운이 묻어있는지. 성에꽃 핀 창(窓)과의 치열한 내전(內戰)
>
> -「ON 또는 OFF를 누르세요」 전문

위의 시는 우리 일상의 많은 시간을 차지하고 있는 TV를 다루고 있다. 화면조정 시간은 방송의 첫 시작을 알리는 것이다. 시인이 그것을 보고 있다는 사실은 그만큼 TV가 시인의 일상을 지배하고 있다는 것을 말해준다. 그런데 TV 시청이라는 일상의 행위는 또 다른 일상을 지우는 것이기도 하다. 그것을 시인은 “성에꽃 핀 창과의 치열한 내전”이라고 표현하고 있다. 성에를 걷어내고 밖을 바라보며 아직도 쉽게 오지 않는 봄기운을 느껴보려 하는 것과 그것을 끊임없이 방해하는 TV 화면과의 싸움이 바로 이 내전의 모습이기도 하다. ON 또는 OFF는 바로 이 선택의 기로에 선 시인의 갈등이다. 어찌되었건 시인은 이 일상의 현실을 잊거나 기록해야 한다. TV 속 현실처럼 이 일상을 도피하거나 힘들지만 성에를 걷어내고 아직은 힘든 계절을 바로보아야 하거나 둘 중 하나를 선택해야 한다. 시인은 기록하는 것을 선택했음이 분명하다.

그런데 시인은 왜 이 이런 일상의 기록을 선택해야 했을까? 거기에 바로 우리가 잊고 지내거나 돌아보지 않은 진실이 있기 때문이다.

땅거미 덮여 와도
돌아갈 길 찾지 못하는
주택가 골목 놀이터.
놀이터를 떠미는 모래바람은
한 번도 제 모습을 보인 적이 없다.
내 눈에서 붉은 꽃잎들이 튀어 오른다.
아이들을 볼 때마다
얼굴의 고랑, 아이들의 눈물 꽃이 흔들린다.

놀이터 모서리 구름다리 그늘에서
하늘을 건너지 못해 웅크린 어린 새
날갯죽지가 흔들린다.
엄마의 향기마저 가물거리는
빈 둥지 찾아드는 아이들

내 눈 웅덩이에 뛰어든다.

타지로 일하러 간 아버지의 작업화만이
현관을 지키는 집에서
밤새 시야를 흐리는 인터넷에
몸과 마음이 노화되는 시간을 보낸 형제,
아침 밥상에 머리를 맞대고
매일 이삿짐을 챙기듯 책가방을 꾸린다.
아이는 꿈의 암호가 궁금하지만,
희망의 로그인은 찬 모래바람에 떠밀려 간다.

나직한 숨소리로 운동장을 달려오던 아이가
내 눈에 뿌리를 내리고 붉게 타오른다.
나는 다리가 허공에 걸친 구름다리 아래
빈 하늘을 딛고 있는 아이들에게로 달려간다.
허리춤에 풍선을 매단 아이들이
일열 횡대 둥실 날아오른다.

-「다리가 허공을 걸친」 전문

시인의 눈에 들어오는 것은 가여운 그리고 약한 것들이다. 돌아갈 집마저 가난과 외로움이 지배하고 있는 어린 아이들이 바로 그것이다. 그들은 아직 날지 못하는 어린 새들로 비유되고 그들에게 희망과 위안은 오직 컴퓨터에 로그인하는 것으로만 존재하고 그것은 "찬 모래바람"처럼 그들을 불안한 미래로 떠밀 뿐이다. 그래서 동경의 미래를 상징하는 하늘은 비어보이고 그들은 기껏 허망한 풍선을 매달고 날아오르는 헛된 꿈을 안고 산다. 일상 속에 마주치는 이런 약한 것에 대한 관심은 다음 시에서도 마찬가지이다.

간밤 귀가하지 못한 길
서성이는 식욕 앞에
어린 고양이의 헝클어진 털 마주한다
중성화를 치른 징표로 간직한 잘린 귀
집을 나선 눈동자의 부푼 길 마주한다

각자의 무게만큼 웅크린 어깨들
하루의 입장을 기다리며
바람의 정원이 열리는 시간

학자금 대출을 갚지 않겠다고
매일 아침 굳게 다짐하는 스물다섯 어린 동료와
우울한 마법사 지망생 묘령의 온라인 친구
하드코어 포르노그래피로 메마른 욕망을 적시는
무료한 중년이 마주한 길

영하의 심호흡 콘크리트 잔금을 비집고
매화꽃 부서지는 미소 새어나오고
캄캄한 대기는 환영을 부른다

간밤에 피어난 노란 토사물 같은 일출을 쪼며
비둘기의 구부러진 발톱의 젖은 날개
잠금 해제 하늘을 찢고 날아오른다.

–「하늘 잠금 해제」 전문

어린 길고양이와 삶에 지친 웅크린 중년의 어깨들, 토사물로 연명하는 비둘기의 구부러진 발톱들은 모두 고통스러운 삶을 영위하는 존재들의 모습이다. 우리가 흔히 지나쳐 배경으로만 생각한 이런 존재들에 우리가 사는 세상의 진면목이 들어있고 우리가 감추고 싶은 진실이 있다는 것을 시인은 말하고 싶은 것이다. 이렇듯 황희수 시인의 시선에는 우리가 미처 보지 못한 일상의 진실을 보는 힘을 가지고 있다. 바로 그 시선의 날카로움을 시인은 다음과 같이 노래하고 있다.

> 어둠을 녹여 변태 중이에요
> 꼬물거리는 영적 촉수
> 갈증이 오롯해요
> 야문 고치 풀어 인연을 엮어야죠
> 딱딱한 속살을 건드려도
> 끄떡없는 뻔뻔함으로 무장해요
> 딱지 얹듯 무거운 날개 갈고닦아
> 양날의 칼날 같은 날개를 너울거려요
> 당신의 시선이
> 베이지 않도록 조심하세요.

–「우화」 전문

일상을 보고 거기에서 진실을 간취하는 행위를 시인은 우화로 비유하고 있다. 일상은 딱딱한 껍질로 쌓여 그 진실을 감추고 있다. "속살을 건드려도/ 끄떡없는 뻔뻔함으로 무장"하고 있는 삶이 우리 일상의 흔한 모습니다. 바로 시인의 시선은 이 일상의 껍질을 베어내어 거기에 들어있는 진실의 속살을 드러내는 것이다. 우화는 날개를 얻어 현실을 벗어나는 것이 아니라 감춰진 현실을 드러내 그 진실을 보게 하는 행위인 것이다. 시인은 바로 그 위험한 작업을 하는 사람이다.

3. 일상을 지우다

앞서도 이야기했듯이 진실을 보기 위해서는 일상의 겉껍질을 벗어나야 한다. 황희수 시인의 시는 일상의 관찰로부터 시작했지만 다시 그 일상을 지우는 것으로 완성된다. 일상의 소소함에서 진실을 발견하는 예리한 눈을 가지는 것이 필요하지만 그 진실의 의미를 더 깊게 사고하기 위해서는 진실을 덮고 있는 일상의 더께를 거두어 내야 한다.

> 세탁소 기록되지 않은 기름의 기억이 한 벌 옷의 한 생애를 펼친다 깃 섶 얼룩은 목덜미 달구던 소금 꽃 노동의 꿈, 가슴께 올 튐은 새벽까지 질퍽거리며 가슴을 찢던 열망의 흔적, 헐거운 단추 구멍은 부푼 욕망 조여 낸 긴장의 파열 자리, 소매 끝 올 풀림은 종이와 마찰해 온 대가, 여기저기 누런 얼룩은 수축과 이완을 반복한 불안의 근거, 탈색된 이성과 열망의 변색, 생업의 누름과 손가락질로 긁힘, 자괴감 뜯어진 이력…
>
> '영혼의 청소부가 오염 제거를 위해 노력했으나, 무리하게 제거 시 원단의 탈색, 손상이 우려돼 독자님의 깊은 양해 바랍니다.'
>
> –「한 벌 옷의 생애」 전문

평생 한 벌의 옷으로 일생을 지낸 성철 스님의 이야기를 모티브로 해서 쓴 시로 생각된다. 하지만 단지 그의 고결한 삶을 재현해 내는 것에서만 머물지 않고 이 시는 또 다른 의미로 확대된다. 한 벌 옷은 그가 경험한 모든 일상의 기록이다. 거기에는 모든 열망과 고통과 삶의 이력들이 들어 있다. 그것은 시인이 시를 쓰는 행위와도 비견된다. 진실은 이 기록들에 들어 있다. 이 기록들을 지우고 초월을 감행하는 것에 진실이 있지 않고 그 기록들의 의미를 되새기는 것에 있다는 것을 시인은 다음과 같이 재미있게 표현하고 있다. "영혼의 청소부가 오염 제거를 위해 노력했으나, 무리하게 제거 시 원단의 탈색, 손상이 우려돼 독자님의 깊은 양해 바랍니다."

진실을 보기 위해서는 일상의 더께를 지워야 한다. 하지만 다 지우고 깨끗한 순백을 되찾는 것은 현실로부터 도피가 된다. 탈색시키지 않고 지우는 바로 거기에 황희수 시인 시들의 묘미가 있다. 그것을 다음 시에서 볼 수 있다.

두꺼운 양장의 대기
하늘 갈피를 열고
부동의 존재와 의미 없는 눈인사를 나누며
온방 울리는 나무마루 건반을 밟으면
의식의 집이 눈을 뜬다

지금은 없고 나도 없어
순간의 사용지침은 찰라
내가 없는 자리에
기억이 뚜벅뚜벅 다가와도
순간의 유통기간은 찰라
뫼비우스 순환의 고리
매 순간이 다시 태어나

56억 7천만 년 항하사 무량수
순간이 증발하고 부활하지
지금의 유통기간은 시방
강사인 날 보며 학교장이
'어머 누구세요' 라며 매번 묻데
제 유통기간은 지금까지거든요.
순간의 저를 기억하지 못할 뿐이에요

찰라 생
찰라 멸
지금의 나는 없지

－「순간의 유통기한」 전문

순간은 눈 한 번 깜짝할 시간을 의미한다. 그 짧은 시간이지만 지금 이 순간이 없으면 나의 기억도 없고 지금도 없고 따라서 나라는 존재도 있을 수 없다. 그러므로 지금 이 순간을 기억하지 못한다는 것은 현실의 모든 것을 부정하는 것이다. 그런데 우리들은 자신의 기억과 아집과 자기만의 세상보기를 고집하며 이 순간을 기억하지 못하고 지금 이 순간을 무시한다. 그래서 결국 타인을 보지 못하고 그 타인들의 삶의 모습에 들어 있는 진실을 보지 못한다. 이 순간을 바로 보기 위해서는 자신의 시선에 들어 있는 이 집착들을 벗어나야 한다. 이 집착에서 벗어나는 것을 시인은 다음과 같이 아름답게 묘사하고 있다.

물 냄새 먼 망우리 언덕길
노인이 물풀 가시처럼 빛나는 초록색 투망을 꿰맨다

흰 종잇장에 손을 베어 흘린 핏자국 같은 하늘
벌겋게 얼룩진 구름을 밀어낸다
처녀성 먹빛에 가두고 머리를 민 친구는
노을 조명에 만개한 울긋불긋 구름꽃 사진
띄워 보내곤 했다.
투망에 걸리지 않는 체온,
백내장 구덕구덕한 눈의 흰자위는
종일 벌건 딱지가 맺혔다.
저물지 않는 백야처럼 숨 막히는 우울,
바싹 구워진 도로에 물줄기 쏟아진다
은비늘 퍼덕이는 물고기 떼 몰고 온다
반짝이는 투망 길게 뻗어 희망을 낚듯
콧수염 단 맑은 물고기 가슴에 품는다
하늘 쪽문이 열리고
가을빛 걸어오신다.
오색찬란한 지느러미 펄럭이며
가을 투망 속으로 내가 깊이 안긴다.

물 냄새 먼 무덤가 분연한 집착이 끄덕거린다

–「가을 투망」 전문

가을 강가에서 투망질 하는 노인을 보고 시인은 생각한다. 시인은 자신의 모든 번뇌가 투망에 걸리지 않기 위한 허망한 노력에서부터 온다는 깨달음을 한다. 세상이 자기에게 던지는 투망에 아무런 두려움 없이 자신을 내던질 때 나의 모든 집착이 사라진다는 것을 시인은 문득 알게 된다. 투망에 걸리는 것을 집착에서 벗어나는 것으로 비유하는 시인의 시선이 참 신선하다. 우리는 그물로부터 벗어나는 것을 자유라고 생각하고 잡히지 않는 것을 주체의 확립이라고 생각한다. 하지만 시인은 조용히 자신을 자연의 힘에 맡겨 다른 자연의 사물들과 함께 하는 것으로 자신의 자유를 수행하고 자신에 집착하는 자의식에서 벗어난다. 실로 방아의 경지이고 진정한 공의 경지라 아니할 수 없다.

다음 시는 이런 공의 경지를 아주 선명한 이미지로 보여준다.

사월 봄 눈발 느리게 스치고
대기에 엎드려 꽃을 읽는다
흐린 냉기 거두는
입술은 시를 읊고
또 하나의 입술을 삼킨다

꿈에서 꿈을 꾸고
꿈에서 꿈 깨어
꿈이어서 다행이라고 안도하며
꿈 없는 잠에서 깨어난 어느 아침
나는 누구의 꿈인지
누구의 그림자를 삼킨 망령인지
청명한 대기 속 가여운 입김
말갛게 눈뜨는 이슬처럼
햇살 만행에 나선다

난 과거에 수생생물이었는지 몰라
심해의 침묵 속에서 키운 피돌기
고요의 심안
햇살 아래 서툰 봄과 길을 나선다

—「햇살 만행」 전문

시인의 사월의 햇살 속에서 자연과의 물아일체를 경험한다. 그런데 그 경험은 그냥 한 순간 깨달음으로 존재하는 것은 아니다. 수많은 번민과 삶의 계기들을 통해 도달한 것이다. 그러한 고투의 과정을 시인은 "흐린 냉기 거두는 입술"이라고 말하고 있다. 그런 흐린 삶의 경험들을 거두고 지우는 과정을 통해서 도달한 "심해의 침묵"이 햇살이라는 자연의 에너지를 아무런 집착 없이 받아들일 수 있고 봄날이 주는 축복을 반삭하게 한다. 하지만 시인은 그러면서도 그 봄을 "서툰 봄"이라고 표현한다. 아직은 도달해야 할 피안의 세계이기 때문이다. 그 세계로 나아가는 지난한 과정이 시인에게는 바로 시 쓰기일 것이다. 그 과정을 시인은 "입술은 시를 읊고/ 또 하나의 입술을 삼킨다"라고 감각적으로 표현하고 있다.

4. 맺으며

황희수 시인의 시들은 거창한 구호나 심오한 깨달음을 가장하거나 또는 과장하지 않는다. 조용히 일상을 들여다보고 그것에 대한 시인의 마음을 진솔하게 표현한다. 이런 소박한 태도가 황희수 시인 시들에서는 큰 힘으로 작용한다. 시인이 빈 마음으로 일상의 사물들을 바라볼 때 그것들은 본 모습을 드러내고 그 모습 속에 내밀한 진실이 들어 있다. 삶의 순간순간마다 우리를 상투적으로 이끄는 자동화된 의식들을 그냥 그대로 내보이는 것이 아니라 그것에 들어있는 자의식과 자신의 욕망을 걷어낼 때 이제까지 보지 못했던 삶의 또 다른 일면을 마주 할 수 있다. 황희수 시인의 시들이 일상으로부터 출발하지만 전혀 새로운 낯선 세계를 보여주는 것은 바로 이 때문이다. 일상에서 깨달음으로 세속에서 공의 경지로 나아가지만 초월적 세계를 상정하는 현실도피가 아니라 내재적 초월을 통해 현실을 갱신하고 있다.

나에게로 가는 먼 길

찍은날 2018년 7월 15일
펴낸날 2018년 7월 20일
지은이 황희수
펴낸이 박몽구
펴낸곳 도서출판 시와문화
주 소 (13955) 경기 안양시 동안구 경수대로883번길 33,
103동 204호(비산동 꿈에그린아파트)
전 화 (031)452-4992
E-mail poetpak@naver.com
등록번호 제2007-000005호 (2007년 2월 13일)

ISBN 978-89-94833-41-5(03810)

정 가 10,000원